BEI GRIN MACHT SICH IHR
WISSEN BEZAHLT

- Wir veröffentlichen Ihre Hausarbeit,
  Bachelor- und Masterarbeit

- Ihr eigenes eBook und Buch -
  weltweit in allen wichtigen Shops

- Verdienen Sie an jedem Verkauf

Jetzt bei www.GRIN.com hochladen
und kostenlos publizieren

Bibliografische Information der Deutschen Nationalbibliothek:

Die Deutsche Bibliothek verzeichnet diese Publikation in der Deutschen National-
bibliografie; detaillierte bibliografische Daten sind im Internet über http://dnb.d-
nb.de/ abrufbar.

Impressum:

Copyright © 2017 GRIN Verlag
Druck und Bindung: Books on Demand GmbH, Norderstedt Germany
ISBN: 9783668717916

Dieses Buch bei GRIN:

https://www.grin.com/document/426583

Silvia Ganthaler

Krafttraining. Langfristiger Trainingsplanung

GRIN Verlag

Deutsche Hochschule für

Prävention und Gesundheitsmanagement

Hermann Neuberger Sportschule 3

66123 Saarbrücken

Einsendeaufgabe

Fachmodul:	Trainingslehre 1
Studiengang:	Fitnessökonomie
Datum Präsenzphase:	20.02.2017 bis 23.02.2017
Name, Vorname:	Ganthaler Silvia
Studienort:	**Zürich**
Semester:	**Wintersemester 2016**

Inhaltsverzeichnis

1 Diagnose

1.1 Allgemeine und biometrische Daten

Auf den folgenden Seiten wird eine Trainingsplanung für Frau G. erstellt und die Vorgehensweise begründet. Angefangen wurde mit der Erfassung folgender allgemeiner und biometrischer Daten.

Tab. 1: Allgemeine und biometrische Daten

Alter	20 Jahre
Geschlecht	Weiblich
Körpergröße	170 cm
Körpergewicht	63 kg
Fettmasse	15,1 kg
Muskelmasse	25,4 kg
Trainingsmotive	Gewichtsabnahme, Kraftzuwachs, Körperformung
Berufliche Tätigkeit	Studierende Fitnessökonomie
Zeitlicher Verfügungsrahmen	1,5 h pro Tag, 4 Tage pro Woche
Aktuelle sportliche Aktivitäten	Krafttraining (Hypertrophietraining), drei Mal pro Woche jeweils 1,5 h
Frühere sportliche Aktivitäten (ab 2017 chronologisch absteigend)	Ein Jahr Krafttraining (Hypertrophietraining), drei Mal pro Woche jeweils 1,5 h Vier Jahre Eiskunstlauf, vier Mal pro Woche jeweils 2 h, Kategorie Interbronze Sieben Jahre Kunstturnen, 2 Mal pro Woche jeweils 2 h, Kategorie B
Blutdruck	119/62 mmHg
Bewertung des Blutdrucks	Die Werte von Frau G. liegen im Normalbereich (vgl. Tab.2)
Orthopädische Probleme	Keine
Internistische Probleme	Keine
Ärztliche Behandlungen	Keine
Einnahme von Medikamenten	Keine
Sonstige Einschränkungen	Keine

Tab. 2: Hypertonie-Beurteilung (Erwachsene >18 Jahre) (Muggli, 2016)

	Systolisch (mmHg)	Diastolisch (mmHg)
Normaler Blutdruck	<140	<90
Hypertonie 1. Grades (leicht)	140-159	90-99
Hypertonie 2. Grades (mässig)	160-179	100-109
Hypertonie 3. Grades (schwer)	Ab 180	Ab 110

Anhand der gesammelten Daten wurde festgestellt, dass die Person keine gesundheitlichen Einschränkungen hat und für sie somit das gesamte Spektrum des gesundheitsorientierten Krafttrainings genutzt werden kann.

1.2 Krafttestung

1.2.1 Auswahl des Testverfahrens

Um das Gewicht festzustellen, mit dem Frau G. im ersten Mesozyklus trainieren wird, führte sie einen individuellen-Leistungsbild-Test (ILB-Test) aus. Dieses Testverfahren wurde ausgewählt, um mögliche Störgrößen im Zusammenhang zwischen Intensität und Wiederholungszahl (vgl. 1-RM-Test), welche in verschiedenen Publikationen wie zB. von Marschall und Fröhlich (1999) bestätigt wurden, zu eliminieren. Ebenso in der klassischen X-RM-Methode ist es schwierig, die Empfehlungen für andere Wiederholungszahlbereiche festzulegen, im Assessement des ILB-Tests kann besser auf die durchzuführenden Wiederholungen geschlossen werden. (Eifler, 2013).

Ein weiterer Grund weshalb das ILB Testverfahren und somit die ILB-Methode ausgewählt wurde ist die Berücksichtigung des Trainingsalters (vgl. Tab. 3) und die damit einhergehenden Veränderungen in der Adaptationsreserven (Fröhlich, Links & Pieter, 2012). So kann für die Trainierende bereits ein modifiziertes Training mit 70-90% der Intensität der X-RM-Messung angewendet werden (vgl. Tab. 3).

Tab. 3: Grobraster zur Trainingsplanung nach der ILB-Methode (modifiziert nach Strack & Eifler, 2005 S. 153)

Leistungsstufe	Zeitstufe (Monate)	Organisations- form	Häufigkeit/ Woche	Übungen/ Muskelgruppe	Sätze/ Übung	Intensität (%X-RM*)
Orientierungs- stufe	0-1,5	GK	2	1-2	1-2	Gering
Beginner	1,5-6	GK	2	1-2	1-2	50-70
Geübte	6-12	GK	2-3	1-2	2	60-80
Fortgeschrittene	>12	GK/Split	3-4	1-3	2-3	70-90
Leistungstrai- nierende	>36	GK/Split	3-6	1-4	2-4	80-100

GK = Ganzkörpertraining; Split = Splittraining

* Wiederholungszahl variiert je nach Trainingsziel

1.2.2 Testablauf

Als erster Schritt wurde aus den Zielen der Trainierenden (vgl. Tab. 4) die entsprechende Wiederholungszahl abgeleitet und die Übungen festgelegt. Für Frau G. wurde aufgrund ihrer Ziele und ihrer früheren Sportlichen Aktivitäten (vgl. Tab. 1) im ersten Mesozyklus Kraftausdauer mit einer festgelegten Wiederholungszahl von 20 eingeplant, folglich wird der ILB-Test ein 20-RM-Test sein. Die Organisationsform dieses Zyklus wird Splittraining sein, um die Trainierende mit der hohen Übungsanzahl nicht zu überlasten, wird auch der ILB-Test auf zwei Tage verteilt. Am ersten Tag wurden die Übungen für Split 1 getestet und am darauffolgenden Tag die Übungen für Split 2. Nach dieser Abklärung wurde mit dem praktischen Teil des Tests begonnen, beide Tage wurde wie folgt vorgegangen.

1. Die Trainierende wärmte sich im Sinne eines allgemeinen Aufwärmens für 7 Minuten auf dem Laufband auf.

2. Jede Übung wurde im Sinne eines speziellen Aufwärmens mit einem Aufwärmsatz mit einem Gewicht, welches nach subjektivem Belastungsempfinden von der Trainierenden als mittel eingestuft wurde, begonnen. Dieser wurde jeweils über die volle Bewegungsamplitude ausgeführt.

3. Das Gewicht für den 1. Testsatz wurde anschließend von der Trainierenden selbst eingeschätzt und versucht 20 Mal über die volle Bewegungsamplitude zu überwinden. Es wurde darauf geachtet, dass die Übung stets korrekt ausgeführt wurde.

4. Konnte das Gewicht öfter als 20 Mal überwunden werden, wurde es nach einer gemeinsamen Absprache nach subjektiven Belastungsempfinden gesteigert.

Konnte es weniger oft überwunden werden, wurde es auf dieselbe Weise gesenkt. In beiden Fällen wurde nach drei Minuten Pause, zur wieder Auffüllung der Energiespeicher und der erneuten mentalen Vorbereitung, ein 2. Testsatz durchgeführt.

5. Wurde auch im 2. Testsatz das Gewicht das Maximal 20 Mal überwunden werden konnte, nicht gefunden, so wurde nach erneutem 3-Minütigen pausieren ein dritter Testsatz durchgeführt. Es wurden nie mehr als drei Testsätze durchgeführt.

6. Die Ergebnisse der Testsätze wurden laufend erfasst (vgl. Tab. 4).

7. Das Gewicht mit dem 20 korrekte Wiederholungen durchgeführt werden konnten und keine 21. Wiederholung mehr möglich war, wurde als Referenzgröße für die Berechnung der im folgenden Training verwendeten Intensitäten genommen. Wurde dieses Gewicht gefunden, wurden keine weiteren Testsätze mehr durchgeführt.

Tab. 4: Testergebnisse von Frau G. bei einem ILB-Test mit 20 Wiederholungen (eigene Darstellung)

Übung	Gewicht* 1. TS	Wdh. 1. TS	Gewicht * 2. TS	Wdh. 2. TS	Gewicht* 3. TS	Wdh. 3. TS
Kniebeuge	35	18	30	20	-	-
Kreuzheben	30	25	40	16	35	20
Hüftabduktionmaschine	40	20	-	-	-	-
Knieextensionmaschine	17,5	17	15	20	-	-
Knieflexionmaschine (sitzend)	25	22	27,5	20	-	-
Beckenanheben zur Schulterbrücke mit Langhantel	32,5	18	30	20	-	-
Wadenpresse	45	12	30	17	20	20
Kurzhantel-Bankdrücken	10	25	12	22	14	20
Latzug zur Brust am Kabelzug	30	20	-	-	-	-
Langhantel-Curls	12	15	10	20	-	-
Schulterpresse	10	15	7,5	20	-	-
Rumpfflexionmaschine (sitzend)	20	17	17,5	20	-	-
Rumpfrotation am Kabelzug	5	20	-	-	-	-

TS = Testsatz

*in kg

1.2.3 Schlussfolgerungen

Mit dem ILB-Test konnte für jede Übung die im ersten Mesozyklus eingeplant wurde das
20-RM ermittelt werden. Indem die zu verwendete prozentuale Intensität des 20-RM vom
Trainingsalter abgeleitet wurde, welche für die Trainierende folglich 70-90% beträgt (vgl.
Tab. 3), konnte daraus das Arbeitsgewicht mit dem gestartet wird berechnet werden. Somit konnte auf Basis dieses Vorgehens ein Trainigsplan mit adäquaten Gewicht erstellt
werden. Dieser Ablauf wird vor jedem neuen Mesozyklus erneut durchgeführt um wei-
terhin eine dem Leistungsniveau angepasste Höhe der Gewichtslast zu generieren.

Der Test hat sich für die Trainigssteuerung und Trainingsplanug als sehr gut geeignet
herausgestellt. Die Trainingsintensitäten konnten ohne Probleme abgeleitet und bestimmt
werden. Auch im intraindividuellen Leistungsvergleich kann er bei konsequenter Einhal-
tung gleicher Testrahmenbedingungen und gleichem Testablauf durchaus nützliche Ergebnisse liefern, welche unter anderem als zur Dokumentationszwecken herangezogen
werden können. Auf Grund von fehlenden Normwerten und mangelnder Standardisierung
ist er allerdings für den interindividuellen Leistungsvergleich nicht geeignet.

2   Zielsetzung/Prognose

Zusammen mit Frau G. wurden realistische Ziele erfasst, die sie in dem jeweils angege-
benen Zeitraum erreichen könnte. Die Dauer von sieben Monaten wurde gewählt, da auch
der Makrozyklus über sieben Monate geplant ist, die Dauer von 6 Wochen, da das die
kleinste Dauer der geplanten Mesozyklen ist.

Tab. 5: Ist-Werte von Frau G. (eigene Darstellung)

Fettmasse	15,1 kg
Muskelmasse	25,4 kg

Tab. 6: Normwerte nach Van Loan (1990)

Fettmasse	12,0 kg – 17,3 kg
Muskelmasse	19,4 kg – 27,2 kg

Tab. 7: Zielsetzung von Frau G. (eigene Darstellung)

Inhalt	Ausmaß	Zeit
Senkung der Fettmasse	5 kg	7 Monate
Kraftzuwachs	13 %	6 Wochen
Aufbau von Muskelmasse	1,5 kg	7 Monate

Die Ziele wurden so formuliert um mögliche Wechselwirkungen auszuschließen. Ihr Trainingsmotiv Körperformung wurden als Aufbau von Muskelmasse definiert, da sie eine durchtrainierte Figur anstrebt. 1,5 kg als Ausmaß wurden gewählt, weil die trainierende sich bereits im 2. Trainingsjahr befindet und somit nicht mehr so schnell Muskelmasse aufbauen kann wie ein Krafttrainingsanfänger. Das Zweite Ziel Kraftzuwachs wurde direkt von ihren Trainingsmotiven übertragen, 13 % wurden bestimmt, da dies im bezogen auf die Ergebnisse von Eifler (2013) ein realistischer Wert für Trainierende im 2. Jahr ist.

Diese zwei obgenannten Trainingsziele fordern eine Zunahme an Muskelmasse, was eine Zunahme des Körpergewichtes bedeutet. Das würde sich negativ auf ihr Ziel Gewichtsabnahme auswirken und das Ergebnis auf der Waage verfälschen. Um diesen Wiederspruch auszuschließen wurde die Gewichtsabnahme nur auf die Fettmasse bezogen. 5 kg innerhalb von 7 Monaten wurden gewählt, da die Trainierende gesund und langfristig, ohne radikale Einschränkungen abnehmen möchte.

Mit diesem Ansatz können alle drei Ziele konkret und unabhängig voneinander gemessen werden. Gesundheitlich gibt es keine Einschränkungen, welche der Erreichung ihrer Ziele im Weg stehen könnte.

3 Trainingsplanung Makrozyklus

3.1 Makrozyklus

Tab. 8: Für Frau G. erstellter Makrozyklus mit einer linearen Periodisierung nach der ILB-Methode (eigene Darstellung)

	Umfangorientiertes Krafttaining	Intensitätsorientiertes Krafttraining		
Spezifisches Trainingsziel	Kraftausdauertraining	Muskelaufbautraining extensiv	Muskelaufbautraining intensiv	Maximalkrafttraining
Zyklusdauer	6 Wochen	8 Wochen	8 Wochen	6 Wochen
Wiederholungen	20	12	8	5
Organisationsform	Splittraining	Splittraining	Splittraining	Splittraining
Trainingseinheiten pro Woche	4	4	4	4
Übungen pro Muskelgruppe	1-3*	1-3*	1-3*	1-3*
Sätze pro Übung	3	3	3	3
Intensitäten	70-90 %	70-90 %	70-90 %	70-90 %
Bewegungstempo**	2/0/2	2/0/2	2/0/2	2/0/2
Satzpausen	30-60 Sek.	60-90 Sek.	60-90 Sek.	90-180 Sek.

*unterscheidet sich nach Muskelgruppe (vgl. Tab. 9)

**Sekunden exzentrische Phase/Sekunden Pause am Umkehrpunkt/Sekunden konzentrische Phase

3.2 Begründung der Parameterauswahl im Makrozyklus

3.2.1 Die Übergeordnete Trainingsmethode

Die ILB-Methode wurde ausgewählt, da im ILB-Tests der Zusammenhang zwischen Intensität und Wiederholungszahl direkt gegeben ist und somit die Intensität auch für hohe Wiederholungszahlen, wie bei Frau G. im 1. Mesozyklus, direkt abgeleitet werden kann (vgl. Kap. 1.2.1). Zudem wird in der ILB-Methode die Intensität ihrem Trainingsalter (vgl. Kap. 1.2.1) angepasst, also ihr Leistungsniveau berücksichtig. Durch die Anfänglich nicht allzu hohen Belastungen wird außerdem die Anpassung des passiven Bewegungssystems, welche länger dauert als die der Muskulatur (Hegner, 2015) berücksichtigt.

3.2.2 Die Belastungsparameter

Die Trainingsplanung für Frau G. sieht ein Splittraining vor. Um die Effektivität des Trainings höchstmöglich zu halten, sollte jede Muskelgruppe zwei bis drei Mal pro Woche trainiert werden (Wirth, Atzor & Schmidtbleicher, 2007). Das bedeutet im Splittraining müssen mindestens 4 Trainingseinheiten pro Woche absolviert werden. Um die Trainierende nicht zu überlasten, welche bis jetzt drei Einheiten pro Woche gemacht hatte, und ihren zeitlichen Verfügungsrahmen nicht zu sprengen wurde das Mindestmaß von vier Einheiten geplant.

Pro Muskelgruppe wurden 1-3 Übungen eingeplant. Dies wurde an die Prioritäten der Trainierenden angepasst. Als Fortgeschrittene (vgl. Tab. 3), ist es für sie möglich für Muskelgruppen, die für sie geringere Priorität haben eine Übung und für andere mit größerer Priorität bis zu drei Übungen einzubauen. Im Sinne ihres Zieles Körperformung wurde also mit verschieden hohen Anzahlen an Übungen pro Muskelgruppe gearbeitet.

Pro Übung wurden drei Sätze festgelegt, da das Mehrsatz-Training sich im Hinblick auf die Steigerung der Maximalkraft als effizienter als das Einsatz-Training bewies (Fröhlich, 2006). Auf das Ziel Kraftzuwachs bezogen, war dies somit die geeignetere Lösung.

Die Intensität von 70-90 % wurde auf Grund des Trainigsalters von 18 Monaten gewählt (vgl. Tab 3).

3.2.3 Organisationsform

Die Organisationsform Splittraining wurde angewandt, da die Trainierende im Sinne ihres Ziels Körperformung ihre Muskeln definieren möchte. Im Splittraining können die einzelnen Muskelgruppen aus mehreren Arbeitswinkeln werden und dieses Ziel somit besser beeinflussen als das Ganzkörpertraining. Außerdem möchte sie öfter trainieren als bisher und durch das Splittraining können dabei trotzdem ausreichend lange Regenerationsphasen generiert werden.

3.2.4 Periodisierung

Da die Trainierende die letzten 18 Monate im Hypertrophiebereich trainierte, wurde im 1. Mesozyklus Kraftausdauer eingeplant. Die Grundlage dafür war, dass es auf langfristige Sicht besser ist die Belastungsnormative zu variieren (Wirth et al., 2007). Der Zyklus hat eine Dauer von 6 Wochen, da er für die Trainierende zwar wichtig ist, aber nicht das Hauptziel.

Das Kraftausdauer-training wurde an den Anfang gestellt um die Kapillarisierung der bisher aufgebauten Muskulatur zu verbessern, die Glykogenspeicher zu erweitern und den Stoffwechsel der Bindegewebsstrukturen und den anaerob laktaziden Stoffwechsel zu verbessern. Zusammengefasst bedeutet dies eine bessere Regenerationsfähigkeit und eine erhöhte Ermüdungsresistenz der Muskulatur, was Für Frau G. auch im Hinblick auf das Hypertrophie- und Maximalkrafttraining wichtig ist (Steib, Pfeifer & Zech, 2014).

Das Hauptaugenmerk der Trainingsplanung liegt in den nächsten zwei Mesozyklen, da die Ziele der trainierenden einen Muskelaufbau fordern. Die Zyklen dauern jeweils 8 Wochen, da sie die wichtigsten Instrumente zur Erreichung der Ziele sind. Um die Trainierende an das intensive Muskelaufbautraining heranzuführen, wurde ein extensives Muskelaufbautraining für der zweiten Mesozyklus gewählt. Direkt danach wurde der Mesozyklus Muskelaufbau intensiv angehängt. Der Beweggrund hierbei ist bei beiden Zyklen die Hypertrophie (Steib et al., 2014).

Im vierten Mesozyklus wurde ein Maximalkrafttraining geplant. Damit soll eine Verbesserung der Rekrutierung und Frequentierung von motorischen Einheiten und der inter- und intramuskuläre Koordination bewirkt werden (Steib et al., 2014).

4 Trainingsplanung Mesozyklus

4.1 1. Mesozyklus

Tab. 9: Für den 1. Mesozyklus geltende Regeln (eigene Darstellung)

Zyklusdauer	6 Wochen
Spezifisches Trainingsziel	Kraftausdauer
Trainingseinheiten pro Woche	4, wobei 2 Mal pro Woche Split 1 (vgl. Tab 10) und 2 Mal pro Woche Split 2 (vgl. Tab. 11) abwechselnd trainiert werden.
Organisationsform	2-er Split
Sätze pro Übung	3
Satzpausen	30-60 Sekunden
Wiederholungszahl	20
Intensität	70-90 % des 20-RM
Bewegungstempo*	2/0/2
Übungen pro Muskelgruppe	Abduktoren 1
	Bauch 2
	Beinbeuger 3
	Bizeps 2
	Brust 1
	Gesäß 3
	Oberer Rücken 1
	Schultern 2
	Trizeps 2
	Unterer Rücken 3
	Vierköpfiger Oberschenkelmuskel 2
	Waden 3

*Sekunden exzentrische Phase/Sekunden Pause am Umkehrpunkt/Sekunden konzentrische Phase

Tab. 10: Split 1 vorgesehen für Montag und Donnerstag (eigene Darstellung)

Übung	Gewicht in kg	Grund der Übungsauswahl	Nutzen
Kniebeuge	23	Training der gesamten Beinmuskulatur und des unteren Anteils der Rückenmuskulatur Förderung der Koordination	Hoher Kilokalorischer Verbrauch Trainig vieler Muskeln gleichzeitig
Kreuzheben mit gestreckten Beinen	25	Training des großen Gesäßmuskels und des unteren Anteils der Rückenmuskulatur Förderung der Koordination	Hoher Kilokalorischer Verbrauch Trainig vieler Muskeln gleichzei-tig
Hüftabduktionmaschine	30	Isoliertes Training der Abduktoren	Formung und Straffung im Hüftbereich
Knieextensionmaschine	12,5	Isoliertes Training des vierköpfigen Oberschenkelmuskels	Formung und Straffung des Oberschenkels (vorne)
Knieflexionmaschine (sitzend)	20	Isoliertes Training des Beinbeugers	Formung und Straffung des Oberschenkels (hinten)
Beckenanheben zur Schulterbrücke mit Langhantel	25	Intensives Training des großen Gesäßmuskels	Aufbau von Muskelmasse bzw. Dickenwachstum im Gesäß Gesäßformung
Wadenpresse	15	Isoliertes Training der Wadenmuskulatur	Formung der Wade

Tab. 11: Split 2 vorgesehen für Dienstag und Freitag (eigene Darstellung)

Übung	Gewicht in kg	Grund der Übungsauswahl	Nutzen
Kurzhantel-Bank-drücken	5	Training des großen Brustmuskels, des Deltamuskels (vorderer Anteil) und des dreiköpfigen Oberarmmus-kels Förderung der Autostabilisation	Training vieler Mus-keln in einer Übung Straffung der Brust
Latzug zur Brust am Kabelzug	25	Training des breiten Rückenmuskels und des zweiköpfigen Oberarmmus-kels Förderung einer guten Körperaltung	Hoher Kilokalori-scher Verbrauch Verbesserung der Körperhaltung Optisch schmaler wirkende Taille
Langhantel-Curls	8	Isoliertes Training des zweiköpfigen Oberarmmuskels	Formung und Straf-fung des Oberarms
Schulterpresse	6	Training des Deltamuskels (alle An-teile) und des dreiköpfigen Oberarm-muskels Um das G	Formung und Mus-kelaufbau der Schul-ter
Rumpfflexionma-schine (sitzend)	12,5	Isoliertes Training des geraden Bauchmuskels	Formung und Straf-fung des Bauches
Rumpfrotation am Kabelzug	4	Training der inneren und äußeren schrägen Bauchmuskeln Um auch eine Rotationsübung mitein-zubauen	Formung und Straf-fung des Bauches

4.2 Das übergeordnetes Konzept der Übungsauswahl

Bisher trainierte Frau G. hauptsächlich an Geräten. In ihrem ersten Mesozyklus soll sie neben dem Maschinentraining nun auch das Freihantel- und Seilzugtraining nutzen um ihr Übungrepertoire zu erweitern. Zudem kann sie somit von den jeweiligen Vorteilen der Übungskategorien profitieren. Die wichtigsten Vorteile für sie sind die Autostabilisation und die bessere Übertragung auf den Alltag beim Freihanteltraining (Kempf, 2014), die Möglichkeit der Beeinflussung der äußeren Drehmomente beim Seilzugtraining und das verbesserte isolierte Training an geführten Maschinen.

Dieser Mix der Übungskategorien beinhaltet eingelenkige und mehrgelenkige Übungen, wobei die Eingelenkigen knapp dominieren. Die eingelenkigen Übungen wurden hauptsächlich eingebaut um die Muskeln noch einmal isoliert zu bearbeiten, nachdem sie in den mehrgelenkigen Übungen schon mittrainiert wurden. Die mehrgelenkigen Übungen sollen die intermuskuläre Koordination und Beweglichkeit von Frau G. verbessern und dabei Gelenkschonend wirken (Hois & Ziegner, 2006).

Der Übungsschwerpunkt liegt in der Bein- und Gesäßmuskulatur, gefolgt von der Bauchmuskulatur, da Frau G. dort ihre Problemzonen sieht und im Sinne der Körperformung vor allem daran arbeiten möchte.

5 Literaturrecherche

Tab. 12: Effekte des Krafttrainings bei Rückenschmerzen (LWS-Syndrom)(Reuss-Brost, Hartmann & Wentrock, 2008)

Wer hat die Studie durchgeführt?	Reuss-Borst M[1*], Hartmann U.[1*] und Wentrock S.[1*]
In welchem Jahr wurde die Studie publiziert?	2008
Mit welchen Versuchspersonen wurde die Studie durchgeführt?	An der Studie nahmen 83 Patienten im Alter von 20-83 Jahren teil, darunter waren 68 Männer und 15 Frauen. Der durchschnittliche BMI lag bei 27,0. Unter den Versuchspersonen waren 21 Patienten mit älterem Bandscheibenschaden, 7 mit einer knöchernen Wirbelsäulenproblematik, 33 mit der Diagnose Lumbalsyndrom und 8 mit chronische Lumbalgie. Zu Beginn der Studie gab es 47 Patienen mit regelmäßigen oder ständigen Schmerzen, 15 mit schlechter oder sehr schlechter Leistungsfähigkeit und 14 mit schlecht oder sehr schlechtem Wohlbefinden.
Wie sah der Versuchsaufbau der Studie aus?	Zu Beginn und am Ende der Reha-Maßnahme mit einer mittleren Dauer von 15,6 Tagen wurde die Wirbelsäulenmobilität und die isometrische Maximalkraft der Rumpfmuskulatur gemessen. Zudem wurden die Patienten zur Einschätzungen ihrer Leistungsfähigkeit, ihres Befindens und ihres Schmerzempfindens befragt. In der Studie mussten die Patienten zusätzlich zu den vom Stationsarzt ausgewählten Therapiemaßnahmen ein individuelles Wirbelsäulen-Kraftausdauertraining mit bis zu 20 Wiederholungen, drei Sätzen und langsamen Bewegungstempo an medizinischen Trainingsgeräten durchführen. Bei gutem Tagestrainingslevel durfte die Satzzahl auf 4 erhöht werden. Danach die Wiederholungszahl auf bis zu 25. Es wurde 3-4-mal wöchentlich trainiert.
Welche relevanten Ergebnisse und Schlussfolgerungen liefert die Studie?	Am Ende des Versuchs gaben 93% der Patienten keine Änderung des Schmerzempfindens an, 31% empfanden ihre Leistungsfähigkeit und 34% ihr Wohlbefinden als verbessert. Bei 87 % nahm die Mobilität um mindestens 5° in mindestens eine Bewegungsrichtung zu. Die Kraftentwicklung in der Lateralflexion konnte im Durchschnitt rechts 72% und links 68%, die Extension 81%, die Flexion 83%, Rotation nach rechts 82% und nach links 80% der Sollwerte

	erreichen. Die isometrische Maximalkraft konnte von 95% in mindestens einer Bewegungsrichtung um mehr als 15% des Ausgangswertes verbessert werden.

[*1]Reha-Klinik „Am Kurpark", Bad Kissingen

Tab. 13:Effekte des Krafttrainings bei Rückenschmerzen (LWS-Syndrom)(Stephan, Goebel & Schmidtbleicher, 2011)

Wer hat die Studie durchgeführt?	Stephan A[1*], Goebel S[1*], Schmidtbleicher D[2*]
In welchem Jahr wurde die Studie publiziert?	2011
Mit welchen Versuchspersonen wurde die Studie durchgeführt?	Personen mit Rückenschmerz seit mehr als 12 Wochen oder mit über zwei rezidivierende Schmerzschübe pro Jahr seit über 2 Jahren. Personen mit Erlaubnis des Arztes eigenständig zu trainieren.
Wie sah der Versuchsaufbau der Studie aus?	Die Versuchspersonen trainierten 1,6 Mal pro Woche mit einem Einsatztaining für den ganzen Körper, bestehend aus 10 apparativen Übungen mit einem Gewicht das 60 % ihres 1-RM entsprach, für 24,5 Wochen. Es wurde über die volle individuell (schmerzfrei) Bewegungsamplitude trainiert. Ab der 21. Woche wurde bis zum Muskelversagen trainiert.
Welche relevanten Ergebnisse und Schlussfolgerungen liefert die Studie?	Mit 3 Stunden selbstständigem Ganzkörperkrafttraining pro Monat, bei Trainingseinheiten von jeweils 30 Minuten können Personen mit chronischem Rückenschmerz im Anfangsstadium das Schmerzniveau senken, das Beeinträchtigungserleben reduzieren und Kraft aufbauen. Die Abbruchsquote betrug 27 % und ist somit besser als die in deutschen Fitnessketten und im Heimtraining.

[1]Abteilung Forschung und Entwicklung, Kieser Training AG

[2]Institut für Sportwissenschaften der Johann Wolfgang Goethe - Universität Frankfurt/Main

6 Literaturverzeichnis

Eifler, C. (2013). Empirische Überprüfung der Effekte verschiedener Ansätze zur Intensitätssteuerung im fitnessorientierten Krafttraining.

Fröhlich, M. (2006). Zur Effizienz des Einsatz-vs. Mehrsatz-Trainings. *Eine metaanalytische Betrachtung.* ..., (3), 269–290. Verfügbar unter: http://web.swi.uni-saarland.de/files/file/Froehlich aus SW3-07 Einsatztraining versus Mehrsatztraining Sportwissenschaft.pdf

Fröhlich, M., Links, L. & Pieter, A. (2012). Effekte des Krafttrainings - Eine metaanalytische Betrachtung. *Schweizerische Zeitschrift für Sportmedizin und Sporttraumatologie, 60* (1), 14–20.

Hegner, J. (2015). *Training fundiert erklärt* (6. Auflage). IngoldVerlag.

Hois, G. & Ziegner, K. (2006). Grundlagen des mehrgelenkigen Trainings in Theorie und Praxis. *B&G Bewegungstherapie und Gesundheitssport, 22* (1), 18–25. doi:10.1055/s-2006-921381

Kempf, H.-D. (2014). *Funktionelles Training mit Hand- und Kleingeräten.* Sprinder Medizin.

Loan van, M.D. (1990). Bioelectrical impedance analysis to determine fat-free mass, total body water and body fatNo Title. *Sports Medicine (Auckland), 10.*

Muggli, F. (2016). Leitlinien der Schweizerischen Gesellschaft für Hypertonie 2015. *Medizin Forum,* 20–23.

Reuss-Brost, M., Hartmann, U. & Wentrock, S. (2008). Wirkungen eines sanften Gerätetrainings während stationärer Rehabilitation bei Patienten mit chronischem Rückenschmerz. *Deutsche Zeitschrift für Sportmedizin, 59* (11).

Steib, S., Pfeifer, K. & Zech, A. (2014). Funktionelles Training mit Handund Kleingeräten, 13–20. doi:10.1007/978-3-662-43659-2

Stephan, A., Goebel, S. & Schmidtbleicher, D. (2011). Effekte maschinengest??tzten krafttrainings in der behandlung chronischen r??ckenschmerzes. *Deutsche Zeitschrift für Sportmedizin, 62* (3), 69–74.

Wirth, K., Atzor, K.R. & Schmidtbleicher, D. (2007). Ver??nderungen der muskelmasse in abh??ngigkeit von trainingsh??ufigkeit und leistungsniveau. *Deutsche Zeitschrift für Sportmedizin, 58* (6), 178–183.

7 Abbildungs- und Tabellenverzeichnis

7.1 Tabellenverzeichnis